Impressum
Verlag: BABADADA GmbH, Nedderfeld 112 , 22529 Hamburg
Geschäftsführer / Verlagsleitung: Harald Hof
Druck: Books on Demand GmbH, In de Tarpen 42, 22848 Norderstedt

Imprint
Publisher: BABADADA GmbH, Nedderfeld 112 , 22529 Hamburg, Germany
Managing Director / Publishing direction: Harald Hof
Print: Books on Demand GmbH, In de Tarpen 42, 22848 Norderstedt

Šola
school

Deljenje
divide

186/2

Tabla
board

Razred
classroom

Šolsko dvorišče
school yard

Učitelj
teacher

Papir
paper

Pisati
write

Pisalo
pen

Pisalna miza
desk

Ravnilo
ruler

Knjiga
book

Učenec
pupil

Šolska torba

satchel

Peresnica

pencil case

Svinčnik

pencil

Šilček

pencil sharpener

Radirka

rubber

Risalni blok

drawing pad

Risba

drawing

Čopič

paintbrush

Vodene barvice

paint box

Škarje

scissors

Lepilo

glue

Zvezek

exercise book

Domača naloga

homework

Število

number

Seštevanje

add

Odštevanje

subtract

Množenje

multiply

Računanje

calculate

Črka

letter

Abeceda

alphabet

Beseda

word

Besedilo

text

Brati

read

Kreda

chalk

Učna ura

lesson

Redovalnica

register

Preizkus znanja

examination

Spričevalo

certificate

Šolska uniforma

school uniform

Izobrazba

education

Enciklopedija

encyclopedia

Univerza

university

Mikroskop

microscope

Zemljevid

map

Koš za smeti

waste-paper basket

Hotel
hotel

Hostel
hostel

Menjalnica
currency exchange office

Kovček
suitcase

Avtomobil
car

Jezik

language

da / ne

yes / no

Prav

Okay

Pozdravljeni

hello

Prevajalec

translator

Hvala

Thank you

Koliko stane…?

how much is…?

Ne razumem

I don´t get it

Težava

problem

Dober večer!

Good evening!

Dobro jutro!

Good morning!

Lahko noč!

Good night!

Nasvidenje

goodbye

Smer

direction

Prtljaga

luggage

Torba

bag

Nahrbtnik

backpack

Gost

guest

Soba

room

Spalna vreča

sleeping bag

Šotor

tent

Turistične informacije

tourist information

Plaža

beach

Kreditna kartica

credit card

Zajtrk

breakfast

Kosilo

lunch

Večerja

dinner

Vozovnica

Ticket

Dvigalo

elevator

Znamka

stamp

Meja

border

Carina

customs

Veleposlaništvo

embassy

Vizum

visa

Potni list

passport

Letalo
airplane

Ladja
ship

Gasilsko vozilo
fire truck

Avtobus
bus

Tovornjak
truck

Motorni čoln
motorboat

Kolo
bike

Avtomobil
car

Trajekt

ferry

Čoln

boat

Motorno kolo

motorbike

Policijski avto

police car

Dirkalni avto

racing car

Najeto vozilo

rental car

Souporaba avtomobila

car sharing

Avtovleka

tow truck

Smetarsko vozilo

garbage truck

Motor

engine

Gorivo

fuel

Bencinska postaja

fuel station

Prometni znak

traffic sign

Promet

traffic

Zastoj

traffic jam

Parkirišče

parking lot

Železniška postaja

train station

Tirnice

tracks

Vlak

train

Tramvaj

tram

Vagon

wagon

Helikopter

helicopter

Letališče

airport

Stolp

tower

Potnik

passenger

Kontejner

container

Karton

carton

Voziček

cart

Košara

basket

vzleteti / pristati

take off / land

Mesto
city

Vas

village

Mestno jedro

city center

Hiša

house

Kino movie theater

Reklama advert

Ulična svetilka street light

Ulica street

Taksi taxi

Kiosk snack shop

Pešec pedestrian

Pločnik sidewalk

Prehod za pešce zebra crossing

Smetnjak dumpster

Križišče crossing

Semafor traffic lights

Koča

hut

Stanovanje

apartment

Železniška postaja

train station

Mestna hiša

city hall

Muzej

museum

Šola

school

Mesto - city

Univerza

university

Banka

bank

Bolnišnica

hospital

Hotel

hotel

Lekarna

pharmacy

Pisarna

office

Knjigarna

book shop

Trgovina

shop

Cvetličarna

flower shop

Supermarket

supermarket

Tržnica

market

Veleblagovnica

department store

Ribarnica

fishmonger's shop

Nakupovalno središče

mall

Pristanišče

harbor

Park

park

Klop

bench

Most

bridge

Stopnice

stairs

Podzemna železnica

subway

Predor

tunnel

Avtobusno postajališče

bus stop

Bar

bar

Restavracija

restaurant

Poštni nabiralnik

postbox

Ulična tabla

street sign

Parkirna ura

parking meter

Živalski vrt

zoo

Kopališče

swimming pool

Mošeja

mosque

Kmetija
farm

Onesnaževanje
pollution

Pokopališče
cemetery

Cerkev
church

Otroško igrišče
playground

Tempelj
temple

Pokrajina
landscape

List
leaf

Kažipot
signpost

Pot
path

Travnik
meadow

Kamen
stone

Pohodnik
hiker

Drevo
tree

Reka
river

Trava
grass

Cvetlica
flower

Dolina

valley

Hrib

hill

Jezero

lake

Gozd

forest

Puščava

desert

Vulkan

volcano

Grad

castle

Mavrica

rainbow

Goba

mushroom

Palma

palm tree

Komar

mosquito

Muha

fly

Mravlja

ant

Čebela

bee

Pajek

spider

Hrošč

beetle

Žaba

frog

Veverica

squirrel

Jež

hedgehog

Zajec

hare

Sova

owl

Ptič

bird

Labod

swan

Divji prašič

boar

Jelen

deer

Los

moose

Jez

dam

Vetrnica

wind turbine

Solarna plošča

solar panel

Podnebje

climate

Natakar
waiter

Jedilnik
menu

Stol
chair

Juha
soup

Pica
pizza

Pribor
cutlery

Prt
tablecloth

Predjed
starter

Glavna jed
main course

Sladica
dessert

Pijače
drinks

Hrana
food

Steklenica
bottle

Hitra hrana

fast food

Ulična hrana

street food

Čajnik

teapot

Sladkornica

sugar bowl

Porcija

portion

Aparat za espresso

espresso machine

Stolček za hranjenje

high chair

Račun

bill

Pladenj

tray

Nož

knife

Vilica

fork

Žlica

spoon

Čajna žlička

teaspoon

Servieta

serviette

Kozarec

glass

Krožnik

plate

Globoki krožnik

soup plate

Krožniček

saucer

Omaka

sauce

Solnica

salt shaker

Mlinček za poper

pepper mill

Kis

vinegar

Olje

oil

Začimbe

spices

Kečap

ketchup

Gorčica

mustard

Majoneza

mayonnaise

Posebna ponudba
special offer

Stranka
customer

Mlečni izdelki
dairy products

FOR

Sadje
fruit

Nakupovalni voziček
shopping cart

Mesnica
butcher's shop

Pekarna
bakery

Tehtati
weigh

Zelenjava
vegetables

Meso
meat

Zamrznjena hrana
frozen food

Hladne mesnine

cold cuts

Konzerve

canned food

Pralni prašek

detergent

Sladkarije

candy

Gospodinjski izdelki

household products

Čistilno sredstvo

cleaning products

Prodajalka

sales representative

Blagajna

cash register

Blagajnik

cashier

Nakupovalni seznam

shopping list

Delovni čas

opening hours

Denarnica

wallet

Kreditna kartica

credit card

Torba

bag

Plastična vrečka

plastic bag

Voda

water

Sok

juice

Mleko

milk

Kola

coke

Vino

wine

Pivo

beer

Alkohol

alcohol

Kakav

cocoa

Čaj

tea

Kava

coffee

Espresso

espresso

Kapučino

cappuccino

Banana

banana

Jabolko

apple

Pomaranča

orange

Lubenica

melon

Limona

lemon

Korenje

carrot

Česen

garlic

Bambus

bamboo

Čebula

onion

Goba

mushroom

Oreščki

nuts

Rezanci

noodles

Špageti

spaghetti

Riž

rice

Solata

salad

Ocvrt krompirček

fries

Pečen krompir

fried potatoes

Pica

pizza

Hamburger

hamburger

Sendvič

sandwich

Zrezek

escalope

Šunka

ham

Salama

salami

Klobasa

sausage

Piščanec

chicken

Pečenka

roast

Riba

fish

Ovseni kosmiči

porridge oats

Musli

muesli

Koruzni kosmiči

cornflakes

Moka

flour

Rogljiček

croissant

Žemlja

bread roll

Kruh

bread

Prepečenec

toast

Piškoti

cookies

Maslo

butter

Skuta

curd

Torta

cake

Jajce

egg

Pečeno jajce na oko

fried egg

Sir

cheese

Sladoled

ice cream

Sladkor

sugar

Med

honey

Marmelada

jelly

Čokoladni namaz

nougat cream

Kari

curry

Kmečka hiša
farm house

Bala slame
straw bale

Skedenj
barn

Polje
field

Konj
horse

Prikolica
trailer

Žrebe
foal

Traktor
tractor

Osel
donkey

Jagnje
lamb

Ovca
sheep

Koza

goat

Krava

cow

Tele

calf

Prašič

pig

Pujsek

piglet

Bik

bull

Gos

goose

Raca

duck

Piščanec

chick

Kokoš

hen

Petelin

cockerel

Podgana

rat

Mačka

cat

Miš

mouse

Vol

ox

Pes

dog

Pasja uta

dog house

Cev za zalivanje

garden hose

Kangla za zalivanje

watering can

Kosa

scythe

Plug

plow

Kmetija - farm

Srp

sickle

Motika

hoe

Vile

pitchfork

Sekira

axe

Samokolnica

pushcart

Korito

trough

Kangla za mleko

milk can

Vreča

sack

Ograja

fence

Hlev

stable

Rastlinjak

greenhouse

Prst

soil

Seme

seed

Gnojilo

fertilizer

Kombajn

combine harvester

Žeti

harvest

Žetev

harvest

Jam

yams

Pšenica

wheat

Soja

soya

Krompir

potato

Koruza

corn

Oljna ogrščica

rapeseed

Sadno drevo

fruit tree

Maniok

manioc

Žito

grain

Dimnik
chimney

Streha
roof

Žleb
downspout

Okno
window

Garaža
garage

Zvonec
doorbell

Vrata
door

Koš za smeti
trash can

Poštni nabiralnik
mailbox

Vrt
garden

Dnevna soba

living room

Kopalnica

bathroom

Kuhinja

kitchen

Spalnica

bedroom

Otroška soba

kids room

Jedilnica

dining room

Tla
floor

Stena
wall

Strop
ceiling

Klet
cellar

Savna
sauna

Balkon
balcony

Terasa
terrace

Bazen
pool

Kosilnica
lawn mower

Rjuha
sheet

Posteljno pregrinjalo
bedspread

Postelja
bed

Metla
broom

Vedro
bucket

Stikalo
switch

Tapeta
wallpaper

Slika
picture

Svetilka
lamp

Polica
shelf

Omara
cabinet

Kamin
fireplace

Televizor
television

Cvetlica
flower

Blazina
cushion

Zofa
sofa

Vaza
vase

Daljinski upravljalnik
remote control

Preproga

carpet

Zavesa

drape

Miza

table

Stol

chair

Gugalnik

rocking chair

Naslanjač

armchair

Knjiga

book

Odeja

blanket

Dekoracija

decoration

Drva

firewood

Film

film

Glasbeni stolp

stereo system

Ključ

key

Časopis

newspaper

Slika

painting

Plakat

poster

Radio

radio

Beležka

notebook

Sesalnik

vacuum cleaner

Kaktus

cactus

Sveča

candle

Hladilnik
fridge

Mikrovalovna pečica
microwave oven

Kuhinjska tehtnica
kitchen scales

Opekač
toaster

Detergent
laundry detergent

Zamrzovalnik
freezer

Pečica
stove

Koš za smeti
trash can

Pomivalni stroj
dishwasher

Kozica

cooker

Lonec

pot

Litoželezni lonec

cast-iron pot

Vok / kadai

wok / kadai

Ponev

pan

Kotliček

kettle

Parni kuhalnik

steamer

Pekač

baking tray

Posoda

crockery

Skodelica

mug

Skleda

bowl

Jedilne paličice

chopsticks

Zajemalka

ladle

Lopatica

spatula

Metlica

whisk

Cedilnik

strainer

Cedilo

sieve

Strgalo

grater

Možnar

mortar

Žar

barbecue

Ognjišče

fireplace

Deska za rezanje

chopping board

Valjar

rolling pin

Odpirač za steklenice

corkscrew

Pločevinka

can

Odpirač za konzerve

can opener

Prijemalka za posodo

oven cloth

Korito

sink

Ščetka

brush

Goba

sponge

Mešalnik

blender

Zamrzovalna skrinja

deep freezer

Steklenička

baby bottle

Pipa

tap

Ogrevanje
heating

Prha
shower

Brisača
towel

Zavesa za prho
shower curtain

Peneča kopel
bubble bath

Kopalna kad
bathtub

Kozarec
glass

Pralni stroj
washing machine

Pipa
tap

Ploščice
tiles

Kahlica
potty

Korito
sink

Stranišče
toilet

Stranišče na počep
squat toilet

Bide
bidet

Pisoar
urinal

Toaletni papir
toilet paper

Ščetka za straniščno školjko

toilet brush

Zobna ščetka

toothbrush

Zobna pasta

toothpaste

Zobna nitka

dental floss

Umiti se

wash

Ročna prha

hand shower

Prha za intimne dele

douche

Umivalnik

basin

Krtača za hrbet

back brush

Milo

soap

Gel za prhanje

shower gel

Šampon

shampoo

Krpica za miljenje

flannel

Odtok

drain

Krema

creme

Deodorant

deodorant

Ogledalo

mirror

Ročno ogledalo

hand mirror

Britvica

razor

Pena za britje

shaving foam

Vodica po britju

aftershave

Glavnik

comb

Ščetka

brush

Sušilnik za lase

hair-dryer

Lak za lase

hairspray

Ličila

makeup

Šminka

lipstick

Lak za nohte

nail varnish

Vatirane blazinice

cotton wool

Škarjice za nohte

nail scissors

Parfum

perfume

Toaletna torbica

washbag

Stol brez naslonjala

stool

Osebna tehtnica

weighing scales

Kopalni plašč

bathrobe

Gumijaste rokavice

rubber gloves

Tampon

tampon

Damski vložki

sanitary towel

Kemično stranišče

chemical toilet

Budilka
alarm clock

Plišasta igrača
cuddly toy

Avtomobilček
toy car

Ropotuljica
rattle

Hiška za punčke
doll's house

Darilo
present

Balon

balloon

Postelja

bed

Otroški voziček

stroller

Igralne karte

deck of cards

Sestavljanka

jigsaw

Strip

comic

Lego kocke

lego bricks

Igralne kocke

toy blocks

Akcijska figura

action figure

Bodi

romper suit

Frizbi

frisbee

Vrtiljak za posteljico

mobile

Namizna igra

board game

Kocka

dice

Komplet modelov vlakov

model train set

Duda

pacifier

Zabava

party

Slikanica

picture book

Žoga

ball

Lutka

doll

Igrati se

play

Peskovnik

sandpit

Gugalnica

swing

Igrače

toys

Igralna konzola

video game console

Tricikel

tricycle

Plišasti medvedek

teddy bear

Garderoba

wardrobe

Oblačilo
clothing

Nogavice

socks

Samostoječe nogavice

stockings

Hlačne nogavice

tights

Šal
scarf

Dežnik
umbrella

Pas
belt

Majica s kratkimi rokavi
t-shirt

Škornji
boots

Copati
slippers

Športni copati
sneakers

Sandali

sandals

Čevlji

shoes

Gumijasti škornji

rubber boots

Spodnje hlače

underwear

Modrček

bra

Telovnik

undershirt

Bodi

body

Hlače

pants

Kavbojke

jeans

Krilo

skirt

Bluza

blouse

Srajca

shirt

Pulover

pullover

Pletena jopica

sweater

Jopa

blazer

Jakna

jacket

Plašč

coat

Dežni plašč

raincoat

Kostim

costume

Obleka

dress

Poročna obleka

wedding dress

Oblačilo - clothing

Obleka

suit

Spalna srajca

nightgown

Pižama

pajamas

Sari

sari

Naglavna ruta

headscarf

Turban

turban

Burka

burka

Kaftan

kaftan

Abaja

abaya

Kopalke

swimsuit

Kopalne hlače

trunks

Kratke hlače

shorts

Trenirka

tracksuit

Predpasnik

apron

Rokavice

gloves

Gumb

button

Očala

glasses

Zapestnica

bracelet

Verižica

necklace

Prstan

ring

Uhan

earring

Kapa

cap

Obešalnik

coat hanger

Klobuk

hat

Kravata

tie

Zadrga

zip

Čelada

helmet

Naramnice

braces

Šolska uniforma

school uniform

Uniforma

uniform

Slinček
....
bib

Duda
....
pacifier

Plenica
....
diaper

Strežnik
server

Kartotečna omara
filing cabinet

Tiskalnik
printer

Papir
paper

Monitor
monitor

Miška
mouse

Pisalna miza
desk

Mapa
folder

Tipkovnica
keyboard

Stol
chair

Koš za smeti
waste-paper basket

Računalnik
computer

Lonček za kavo
....
coffee mug

Kalkulator
....
calculator

Internet
....
internet

Prenosnik

laptop

Pismo

letter

Sporočilo

message

Mobilnik

cell phone

Omrežje

network

Kopirni stroj

photocopier

Programska oprema

software

Telefon

telephone

Vtičnica

plug socket

Telefaks

fax machine

Obrazec

form

Dokument

document

Kupiti

buy

Plačati

pay

Trgovati

trade

Denar

money

Dolar

dollar

Evro

euro

Jen

yen

Rubelj

rouble

Švičarski frank

Swiss franc

Kitajski juan renminbi

renminbi yuan

Rupija

rupee

Bankomat

cash point

Menjalnica

currency exchange office

Zlato

gold

Srebro

silver

Nafta

oil

Energija

energy

Cena

price

Pogodba

contract

Davek

tax

Delnice

stock

Delati

work

Delojemalec

employee

Delodajalec

employer

Tovarna

factory

Trgovina

shop

Policist
police officer

Gasilec
fireman

Kuhar
cook

Zdravnik
doctor

Pilot
pilot

Vrtnar

gardener

Mizar

carpenter

Šivilja

seamstress

Sodnik

judge

Kemik

chemist

Igralec

actor

Voznik avtobusa

bus driver

Taksist

taxi driver

Ribič

fisherman

Čistilka

cleaning lady

Krovec

roofer

Natakar

waiter

Lovec

hunter

Pleskar

painter

Pek

baker

Električar

electrician

Gradbenik

builder

Inženir

engineer

Mesar

butcher

Vodovodni inštalater

plumber

Poštar

postman

Vojak

soldier

Arhitekt

architect

Blagajnik

cashier

Cvetličar

florist

Frizer

hairdresser

Sprevodnik

conductor

Mehanik

mechanic

Kapitan

captain

Zobozdravnik

dentist

Znanstvenik

scientist

Rabin

rabbi

Imam

imam

Menih

monk

Duhovnik

pastor

Kladivo
hammer

Klešče
pliers

Izvijač
screwdriver

Vijačni ključ
wrench

Žepna svetilka
torch

Bager

excavator

Zaboj z orodjem

toolbox

Lestev

ladder

Žaga

saw

Žeblji

nails

Vrtalnik

drill

Popraviti

repair

Lopata

shovel

Šment!

Damn!

Smetišnica

dustpan

Posoda z barvo

paint can

Vijaki

screws

Glasbeni instrument

musical instruments

Zvočnik
loud speaker

Tolkala
drum set

Kitara
guitar

Kontrabas
double bass

Trobenta
trumpet

Klavir

piano

Violina

violin

Bas kitara

bass

Pavke

timpani

Bobni

drums

Sintetizator

keyboard

Saksofon

saxophone

Flavta

flute

Mikrofon

microphone

Vhod
entrance

Tiger
tiger

Kletka
cage

Zebra
zebra

Krma za živali
animal feed

Panda
panda

Živali

animals

Slon

elephant

Kenguru

kangaroo

Nosorog

rhino

Gorila

gorilla

Medved

bear

Kamela

camel

Noj

ostrich

Lev

lion

Opica

monkey

Plamenec

flamingo

Papagaj

parrot

Severni medved

polar bear

Pingvin

penguin

Morski pes

shark

Pav

peacock

Kača

snake

Krokodil

crocodile

Oskrbnik v živalskem vrtu

zookeeper

Tjulenj

seal

Jaguar

jaguar

Poni

pony

Leopard

leopard

Povodni konj

hippo

Žirafa

giraffe

Orel

eagle

Divji prašič

boar

Riba

fish

Želva

turtle

Mrož

walrus

Lisica

fox

Gazela

gazelle

Šport
sports

Ameriški nogomet
American football

Kolesarjenje
cycling

Tenis
tennis

Košarka
basketball

Plavanje
swimming

Boks
boxing

Hokej
ice hockey

Nogomet
....
soccer

Badminton
....
badminton

Atletika
....
athletics

Rokomet
....
handball

Smučanje
....
skiing

Polo
....
polo

62

Skočiti
jump

Objeti
hug

Smejati se
laugh

Hoditi
walk

Peti
sing

Sanjati
dream

Moliti
pray

Poljubiti
kiss

Pisati
write

Risati
draw

Pokazati
show

Potisniti
push

Dati
give

Vzeti
take

Imeti

have

Narediti

do

Biti

be

Stati

stand

Teči

run

Vleči

pull

Vreči

throw

Pasti

fall

Ležati

lie

Čakati

wait

Nositi

carry

Sedeti

sit

Obleči se

get dressed

Spati

sleep

Zbuditi se

wake up

Gledati

look at

Jokati

cry

Božati

stroke

Česati se

comb

Govoriti

talk

Razumeti

understand

Vprašati

ask

Poslušati

listen

Piti

drink

Jesti

eat

Pospraviti

tidy up

Ljubiti

love

Kuhati

cook

Voziti

drive

Leteti

fly

Jadrati

sail

Računanje

calculate

Brati

read

Učiti se

learn

Delati

work

Poročiti se

marry

Šivati

sew

Ščetkati si zobe

brush teeth

Ubiti

kill

Kaditi

smoke

Poslati

send

Stara mati
grandmother

Stari oče
grandfather

Oče
father

Mati
mother

Dojenček
baby

Hči
daughter

Sin
son

Gost

guest

Teta

aunt

Stric

uncle

Brat

brother

Sestra

sister

Čelo
forehead

Oko
eye

Rama
shoulder

Prst
finger

Obraz
face

Brada
chin

Dlan
hand

Prsi
breast

Noga
leg

Roka
arm

Dojenček
baby

Človek
man

Ženska
woman

Dekle
girl

Fant
boy

Glava
head

Hrbet

back

Trebuh

belly

Popek

navel

Prst na nogi

toe

Peta

heel

Kost

bone

Kolk

hip

Koleno

knee

Komolec

elbow

Nos

nose

Zadnjica

buttocks

Koža

skin

Lice

cheek

Uho

ear

Ustnica

lip

Usta

mouth

Zob

tooth

Jezik

tongue

Možgani

brain

Srce

heart

Mišica

muscle

Pljuča

lung

Jetra

liver

Želodec

stomach

Ledvice

kidneys

Spolni odnos

sex

Kondom

condom

Jajčece

ovum

Semenska tekočina

semen

Nosečnost

pregnancy

Menstruacija

menstruation

Vagina

vagina

Penis

penis

Obrv

eyebrow

Lasje

hair

Vrat

neck

Bolnišnica
hospital

Reševalno vozilo
ambulance

Invalidski voziček
wheelchair

Zlom
fracture

Zdravnik

doctor

Urgenca

emergency room

Medicinska sestra

nurse

Nujni primer

emergency

Nezavesten

unconscious

Bolečina

pain

Poškodba

injury

Krvavenje

bleeding

Srčni infarkt

heart attack

Kap

stroke

Alergija

allergy

Kašelj

cough

Vročina

fever

Gripa

flu

Driska

diarrhea

Glavobol

headache

Rak

cancer

Sladkorna bolezen

diabetes

Kirurg

surgeon

Skalpel

scalpel

Operacija

operation

CT
CT

Rentgen
x-ray

Ultrazvok
ultrasound

Obrazna maska
face mask

Bolezen
disease

Čakalnica
waiting room

Bergla
crutch

Obliž
plaster

Preveza
bandage

Injekcija
injection

Stetoskop
stethoscope

Nosila
stretcher

Klinični termometer
clinical thermometer

Porod
birth

Prekomerna teža
overweight

Slušni pripomoček

hearing aid

Razkužilo

disinfectant

Okužba

infection

Virus

virus

HIV / AIDS

HIV / AIDS

Medicina

medicine

Cepljenje

vaccination

Tablete

tablets

Tableta

pill

Klic v sili

emergency call

Merilnik krvnega tlaka

blood pressure monitor

bolano / zdravo

ill / healthy

Na pomoč! Help!	Alarm alarm	Napad assault
Napad attack	Nevarnost danger	Izhod v sili emergency exit
Gori! Fire!	Gasilni aparat fire extinguisher	Nezgoda accident
Komplet za prvo pomoč first-aid kit	SOS SOS	Policija police

Evropa

Europe

Severna Amerika

North America

Južna Amerika

South America

Afrika

Africa

Azija

Asia

Avstralija

Australia

Atlantski ocean

Atlantic

Tihi ocean

Pacific

Indijski ocean

Indian Ocean

Južni ocean

Antarctic Ocean

Arktični ocean

Arctic Ocean

Severni tečaj

North pole

Južni tečaj

South pole

Antarktika

Antarctica

Zemlja

earth

Kopno

land

Morje

sea

Otok

island

Narod

nation

Država

state

Številčnica

clock face

Urni kazalec

hour hand

Minutni kazalec

minute hand

Sekundni kazalec

second hand

Koliko je ura?

What time is it?

Dan

day

Čas

time

Zdaj

now

Digitalna ura

digital watch

Minuta

minute

Ura

hour

Teden
week

Ponedeljek
Monday

Sreda
Wednesday

Petek
Friday

Torek
Tuesday

Sobota
Saturday

Četrtek
Thursday

Nedelja
Sunday

Včeraj

yesterday

Danes

today

Jutri

tomorrow

Jutro

morning

Poldne

noon

Večer

evening

MO	TU	WE	TH	FR	SA	SU
1	2	3	4	5	6	7
8	9	10	11	12	13	14
15	16	17	18	19	20	21
22	23	24	25	26	27	28
29	30	31	1	2	3	4

Delovni dnevi

workdays

MO	TU	WE	TH	FR	SA	SU
1	2	3	4	5	6	7
8	9	10	11	12	13	14
15	16	17	18	19	20	21
22	23	24	25	26	27	28
29	30	31	1	2	3	4

Konec tedna

weekend

Dež
rain

Mavrica
rainbow

Sneg
snow

Veter
wind

Pomlad
spring

Jesen
fall

Poletje
summer

Zima
winter

Vremenska napoved

weather forecast

Termometer

thermometer

Sončna svetloba

sunshine

Oblak

cloud

Megla

fog

Vlažnost

humidity

Strela

lightning

Grom

thunder

Nevihta

storm

Toča

hail

Monsun

monsoon

Poplava

flood

Led

ice

Januar

January

Februar

February

Marec

March

April

April

Maj

May

Junij

June

Julij

July

Avgust

August

Leto - year

September
September

Oktober
October

November
November

December
December

Oblike
shapes

Krogla
circle

Kvadrat
square

Pravokotnik
rectangle

Trikotnik
triangle

Krogla
sphere

Kocka
cube

Barve
colors

Bela

white

Rumena

yellow

Oranžna

orange

Rožnata

pink

Rdeča

red

Vijolična

purple

Modra

blue

Zelena

green

Rjava

brown

Siva

gray

Črna

black

veliko / malo

a lot / a little

jezno / umirjeno

angry / calm

lepo / grdo

beautiful / ugly

začetek / konec

beginning / end

veliko / majhno

big / small

svetlo / temno

bright / dark

brat / sestra

brother / sister

čisto / umazano

clean / dirty

popolno / nepopolno

complete / incomplete

dan / noč

day / night

mrtvo / živo

dead / alive

široko / ozko

wide / narrow

užitno / neužitno

edible / inedible

zlobno / prijazno

evil / kind

vznemirjeno / zdolgočaseno

excited / bored

debelo / vitko

fat / thin

prvo / zadnje

first / last

prijatelj / sovražnik

friend / enemy

polno / prazno

full / empty

trdo / mehko

hard / soft

težko / lahko

heavy / light

lakota / žeja

hunger / thirst

bolano / zdravo

ill / healthy

nezakonito / zakonito

illegal / legal

pametno / neumno

intelligent / stupid

levo / desno

left / right

blizu / daleč

near / far

novo / rabljeno

new / used

nič / nekaj

nothing / something

staro / mlado

old / young

vklopljeno / izklopljeno

on / off

odprto / zaprto

open / closed

tiho / glasno

quiet / loud

bogato / revno

rich / poor

prav / narobe

right / wrong

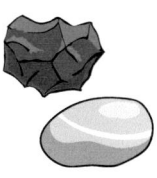

grobo / gladko

rough / smooth

žalostno / veselo

sad / happy

kratko / dolgo

short / long

počasi / hitro

slow / fast

mokro / suho

wet / dry

toplo / hladno

warm / cool

vojna / mir

war / peace

0

Ničla

zero

1

Ena

one

2

Dva

two

3

Tri

three

4

Štiri

four

5

Pet

five

6

Šest

six

7

Sedem

seven

8

Osem

eight

9

Devet

nine

10

Deset

ten

11

Enajst

eleven

12

Dvanajst

twelve

13

Trinajst

thirteen

14

Štirinajst

fourteen

15

Petnajst

fifteen

16

Šestnajst

sixteen

17

Sedemnajst

seventeen

18

Osemnajst

eighteen

19

Devetnajst

nineteen

20

Dvajset

twenty

100

Sto

hundred

1.000

Tisoč

thousand

1.000.000

Milijon

million

Angleščina

English

Ameriška angleščina

American English

Mandarinščina

Chinese Mandarin

Hindujščina

Hindi

Španščina

Spanish

Francoščina

French

Arabščina

Arabic

Ruščina

Russian

Portugalščina

Portuguese

Bengalščina

Bengali

Nemščina

German

Japonščina

Japanese

Jaz

I

Ti

you

On / ona / tisto

he / she / it

Mi

we

Vi

you

Oni

they

Kdo?

who?

Kaj?

what?

Kako?

how?

Kje?

where?

Kdaj?

when?

Ime

name

Zadaj

behind

V

in

Pred

in front of

Nad

over

Na

on

Pod

under

Poleg

beside

Med

between

Kraj

place